Gefährlicher und gefahrloser Umgang mit Hochspannung

1 Hochspannungsexperimente für zu Hause

Folgende Experimente kannst du ohne viel Vorbereitung und ohne Gefahr zu Hause durchführen. Notiere zu jedem Versuch deine Beobachtungen und erkläre diese. Nutze auch das Internet für die Suche nach Erklärungen.

Papierschnipsel: Du benötigst einen Luftballon, ein Wolltuch und einige Papierschnipsel. Reibe den Ballon kräftig mit den Wolltuch und halte dann die geriebene Seite über die Papierschnipsel.

Beobachtung: _____

Erklärung: _____

Gefrierbeutel: Du benötigst einen Gefrierbeutel (aus PE-Folie) und ein Wolltuch. Schneide vom Gefrierbeutel am oberen Ende einen Streifen ab und schneide diesen an der Seite auf, sodass du einen langen Folienstreifen hast. Lege den Folienstreifen auf einen Tisch und streiche das Wolltuch kräftig darüber. Wende anschließend den Streifen und reibe noch einmal. Hebe nun den Streifen in der Mitte hoch, sodass zwei ungefähr gleich lange Streifen herunterhängen.

Beobachtung: _____

Erklärung: _____

Gehorsames Wasser: Nimm einen Gegenstand aus Kunststoff (Zelluloid-Kamm, Löffel, Luftballon, …) und reibe ihn an einem Wollstoff (evtl. musst du verschiedene Stoffe ausprobieren). Nähere den geriebenen Gegenstand anschließend einem nicht allzu stark ausfließenden Wasserstrahl aus der Wasserleitung.

Beobachtung: _____

Erklärung: _____

2 Gefährlicher und gefahrloser Umgang mit Hochspannung

Springendes Öl: Du benötigst einen Kochlöffel, einen Esslöffel Speiseöl, ein Plastiklineal und ein Wolltuch. Lege den Kochlöffel auf den Tisch, fülle ihn mit etwas Speiseöl und reibe mit dem Wolltuch kräftig das Plastiklineal. Halte das Lineal anschließend wenige Millimeter über das Öl im Löffel.

Beobachtung: _____

_____

Erklärung: _____

_____

2 Kräutersalz trennen

Im Supermarkt kann man Kräutersalz kaufen, ein Gemisch aus klein geriebenen Kräutern und Salz. Deine Aufgabe ist es, dieses Gemisch in die Kräuter und Salz zu trennen. Entwickle hierzu zwei Möglichkeiten und vergleiche die Vor- und Nachteile der beiden Wege.

Folgende Materialien stehen dir zur Verfügung: Glasgefäße, Herdplatte, Kaffeefilter, Kunststofffolie, Lupe, Magnet, Metallstab Papiertücher, Pinzette, Wasser, Wolltuch.

Versuche anschließend auch, ein selbst hergestelltes Salz-Pfeffer-Gemisch wieder zu trennen.

Versuchsmöglichkeit 1: _____

_____

_____

_____

Versuchsmöglichkeit 2: _____

_____

_____

_____

Nachteil 1 gegenüber 2: _____

Nachteil 2 gegenüber 1: _____

3 Nicht jede Hochspannung ist gefährlich ...

Die Phänomene zu folgenden Experimenten sind dir sicherlich vertraut und du hast sie zu Hause wahrscheinlich schon oft wahrgenommen:
- Nachdem du über einen Teppichboden gegangen bist, hast du beim Anfassen einer Türklinke einen – kleinen – „elektrischen Schlag" erhalten.
- Beim Ausziehen eines Pullovers hast du bestimmt schon einmal ein Knistern gehört und – bei völliger Dunkelheit – festgestellt, dass man viele kleine Funken zwischen Körper und Wolle des Pullovers sehen kann.
- Insbesondere nach dem Haarewaschen „verfolgen" deine Haare beim Kämmen den Kamm.

Erkläre diese Phänomene unter Verwendung der richtigen physikalischen Größen und erkläre, warum man trotz der auftretenden hohen Spannungen problemlos überlebt.

Gefährlicher und gefahrloser Umgang mit Hochspannung

4 ... manche aber sehr!

a Sehr gefährliche Hochspannungen treten jedoch bei der Oberleitung der Bahn und auch – daher ja der Name – bei Hochspannungsleitungen auf.
Begründe, warum es meist sogar tödlich endet, wenn man solche Leitungen berührt oder ihnen auch nur zu nahe kommt, ohne sie zu berühren.

_____
_____
_____
_____

 b Recherchiere im Internet nach den Begriffen „Wahrnehmbarkeitsschwelle", „Loslassschwelle" und „Flimmerschwelle" und ergänze diese Begriffe in dem unten stehenden Diagramm.

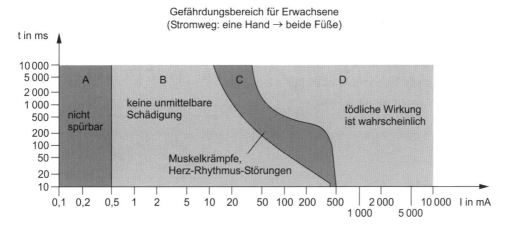

 c Recherchiere im Internet nach den – je nach Situation und Verfassung auch unterschiedlichen – Widerständen des menschlichen Körpers.

Stromweg	Körperwiderstand in Ohm
Hand–Hand	
Hand–Fuß	
Hände–Füße	

Begründe, warum Elektriker nicht mit beiden Händen, sondern nur mit einer Hand an elektrischen Schaltungen arbeiten und warum sie dabei möglichst auf einer isolierenden Unterlage stehen sollten.

_____
_____
_____
_____
_____
_____
_____

4 Gefährlicher und gefahrloser Umgang mit Hochspannung

5 Gefährliche häusliche Spannungen

a Dass der unsachgemäße oder unvorgesehene Umgang mit der Netzspannung zu Hause erhebliche Gefahren birgt, wirst du mit Sicherheit wissen. Der folgende Zeitungsbericht zeigt, wie leicht Unfälle entstehen können.

Einjährige wirft Fön ins Badewasser – Vierjährige erleidet Stromschlag

■ In Kiel erlitt heute ein vierjähriges Mädchen einen Stromschlag in der Badewanne, weil ihre einjährige Schwester im Badezimmer spielte und dabei den Fön, der an einer Steckdose angeschlossen war, ins Badewasser fallen ließ.
Der Vater der zwei kleinen Kinder war auf den Unfall aufmerksam geworden und zog zuerst den Fön und anschließend seine Tochter aus dem Wasser.

Bis die Rettungskräfte, die auch zum Unfallort gerufen wurden, eintrafen, hatte der Vater seine Tochter bereits wiederbelebt. Die Kleine war sehr verwirrt und wurde für weitere Untersuchungen ins Krankenhaus eingeliefert. Bisher wurden keine bleibenden Schäden diagnostiziert.

Quelle: www.shortnews.de /start.cfm?id=422567

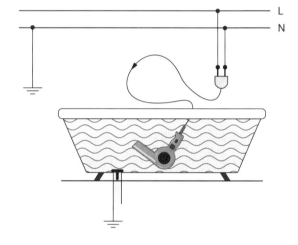

Begründe mit der nebenstehende Skizze, warum das Hereinfallen eines Föns (aber auch eines Radios o. ä.) in die Badewanne für den darin Sitzenden Lebensgefahr bedeutet. Begründe dabei v. a. auch, warum es bei vielen Geräten nicht entscheidend ist, ob sie ein- oder ausgeschaltet sind.

_____

_____

_____

_____

_____

 b Die folgende Liste stellt dir einige Situationen dar, in denen es zu Unfällen mit dem elektrischen Strom geben kann. Finde diese gefährlichen Situationen. Beschreibe Möglichkeiten, wie man diese Gefahren vermeiden kann.

- Ein kleines Kind spielt mit Stricknadeln und sieht plötzlich neben der Tür eine Steckdose …
- Die elektrische Brotschneidemaschine muss gereinigt werden. Dafür scheint warmes Spülwasser gut geeignet …
- Um die defekte Glühlampe auszuwechseln, wird sie herausgeschraubt. Beim Einsetzen der neuen Glühlampe …
- Beim Rasenmähen fährt Herr Meier über das Elektrokabel, mit dem der Rasenmäher seinen Strom bekommt …
- Viele Menschen ziehen am Gerätekabel, um es aus der Steckdose zu ziehen …
- Beim Bügeln kommt man mit dem Bügeleisen an die Isolierung des Kabels …
- Ein Kabel wird durch eine Türritze gequetscht …
- Der Toast ist im Toaster stecken geblieben, daher versucht Herr Meier, mit dem Messer nachzuhelfen …
- Um neue Bilder aufhängen zu können, werden mit dem Bohrer Löcher für die Dübel der Haltehaken gebohrt …

Gefährlicher und gefahrloser Umgang mit Hochspannung

6 Gefährliche Spannungen in der Natur – Gewitter

 Auf der Link-Seite der Stark-Homepage findest du Links auf Internetseiten, die in Wort und Bild die Entstehung von Gewittern erläutern und veranschaulichen.

Eiffelturm, Paris, 1902

a   Schau dir den Film auf der SWR-Wissen-Seite an und lies den Text auf der „Welt der Physik"-Seite.
Erkläre mit eigenen Worten, wie ein Gewitter entsteht.

b   Im Film wird auch geklärt, warum es donnert. Betrachte die Seite „Welt der Physik" genau.
Kannst du auch hier eine Erklärung für die Entstehung des Donners finden?

c   Auf der Seite des SWR findest du eine Simulation eines Versuchs zur Blitzentladung (links dem Link „Blitzentladung" folgen).
Ermittle mithilfe der Simulation, welchen Einfluss die Temperatur, der Luftdruck und die relative Luftfeuchtigkeit auf die Entstehung von Blitzen haben.
Erläutere auf Basis dieser Erkenntnisse, welches Wetter „optimale Bedingungen" für Gewitter darstellt.

d   Finde heraus, welche Typen von Blitzen im Wesentlichen unterschieden werden.

7 Verhalten bei Gewitter

Manchmal kann man es nicht vermeiden, dass man im Freien durch ein Gewitter überrascht wird. Begründe, ob du die unten beschriebenen Verhaltensweisen – hinsichtlich darauf, möglichst nicht vom Blitz getroffen zu werden – für sinnvoll hältst.

 Wenn du auf der SWR-Wissen-Seite (siehe Aufgabe 6) auf den Link „Versuch" klickst, gelangst du zu einem „Blitzsimulator", der dir hilft, die Fragen zu beantworten. Speziell zum Faraday-Käfig findest du z. B. auf den Seiten von Youtube eindrucksvolle Videos (vgl. Linkseite der Stark-Homepage).

a   Sich unter einem Baum unterstellen.

Begründung: _____

b   Sich möglichst flach lang auf den Boden legen.

Begründung: _____

c   Sich möglichst tief hinhocken und dabei die Füße eng beieinander stellen.

Begründung: _____

6 Gefährlicher und gefahrloser Umgang mit Hochspannung

d Sich in einem Faradaykäfig (Metallkäfig) zurückziehen (z. B. in ein Auto oder in ein durch einen Blitzableiter geschütztes Haus).

Begründung: _____

_____

e Man kann lesen, dass seltsamerweise verhältnismäßig viele Personen beim Golfspiel durch Blitzeinschlag sterben. Finde Gründe für die mögliche Richtigkeit dieser Aussage.

_____

_____

f Erläutere, warum Tiere auf der Weide tatsächlich deutlich gefährdet sind, bei einem nicht allzu weit entfernten Blitzeinschlag (z. B. in einen Baum) ums Leben zu kommen.

Hinweis: Eine wichtige Rolle spielt die Tatsache, dass solche Tiere vier Beine haben!

_____

_____

8 Nachweis elektrischer Ladungen – ein Elektroskop selbst gebaut

Mithilfe eines Elektroskops kann man Ladungen nachweisen. Ein solches Gerät kannst du mit einfachen Mitteln selbst bauen. Hierzu benötigst du folgende **Materialien**:
Ein Konservenglas mit Deckel, etwas dünne Aluminiumfolie (z. B. von der Verpackung einer Schokolade), ca. 30 cm isolierten Litzendraht und ein wenig Knetgummi.

Bauanleitung:
- Bohre ein Loch, durch das später der Litzendraht gesteckt wird, in den Deckel des Konservenglases.
- Schneide aus der Aluminiumfolie zwei 2 cm × 5 cm große Rechtecke.
- Mache möglichst weit oben jeweils ein Loch in die Rechtecke aus Aluminiumfolie.
- Stecke das Kabel durch das Loch des Deckels, sodass es sich etwas unterhalb der Hälfte des Glases befindet. Fixiere es mit dem Knetgummi am Deckel, sodass es nicht mehr verrutschen kann.
- Entferne ca. 2 bis 3 cm der Isolierung von den Kabeln an beiden Enden.
- Biege am unteren Ende die Litzen auseinander, sodass zwei Haken entstehen.
- Befestige die beiden Aluminiumfolienstücke an je einem Haken.
- Biege die Haken so, dass die Aluminiumfolienstücke sich nicht berühren, aber dennoch möglichst nah beieinander sind.
- Drehe nun vorsichtig den Deckel auf das Glas.

Teste dein Elektroskop, indem du eine Kunststofffolie mit einem Wollpullover reibst und mit dieser dann das freie Ende des Kabels berührst.
Hast du alles richtig gemacht, so kannst du beobachten, dass sich die Aluminiumfolienstücke abstoßen.

Gefährlicher und gefahrloser Umgang mit Hochspannung

9 Versuche mit einem Experimentier-Elektroskop aus der Schule

Video 1
Video 2
Video 3

a Die folgenden Versuche werden mithilfe eines Elektroskops als Nachweisgerät durchgeführt. Sieh dir die zugehörigen Videos an, notiere die einzelnen Versuchsschritte und erläutere jeweils, wie die Experimente zu erklären sind. Deine Erklärungen sollten stets davon ausgehen, dass sich nur die Elektronen als negativ geladene Teilchen in den Leitern bewegen können.

Versuch 1: _____

_____

_____

_____

_____

_____

_____

_____

_____

Versuch 2: _____

_____

_____

_____

_____

_____

_____

_____

_____

Versuch 3: _____

_____

_____

_____

_____

_____

_____

_____

_____

_____

_____

_____

8 Gefährlicher und gefahrloser Umgang mit Hochspannung

 b Mithilfe von Applets aus dem Internet kannst du auch am heimischen Computer mit Elektroskopen „experimentieren". Gehe auf die Link-Seite der Stark-Homepage und verfolge die dort aufgeführten Links zum Elektroskop, unter denen du interaktiv bedienbare Elektroskope findest.
Untersuche, mit welchen Applets du die oben dargestellten drei Versuche nachbilden kannst.
Prüfe auch nach, inwieweit du deine Erklärungen durch die grafischen Darstellungen in den Applets bestätigt findest.

Elektroskop 1: _____

_____

_____

Elektroskop 2: _____

c Die Applets sollen auch die Vorgänge im Elektroskop veranschaulichen. Diese Darstellungen sind aber nicht immer physikalisch ganz korrekt. Begründe, welche Ungenauigkeiten zu erkennen sind.

Elektroskop 3: _____

_____

Elektroskop 4: _____

10 Teste dich!

Wenn du in dem Rätsel die gesuchten Begriffe richtig einträgst, bilden die grau unterlegten Kästchen senkrecht ein beliebtes Experimentiergerät der Elektrostatik.

1 Entsteht bei Gewitter
2 Ladungstrennung ohne Berührung
3 Hier ist man bei Gewitter sicher
4 Ereignis mit Blitz und Donner
5 Schützt Häuser bei Gewitter
6 Was bewegt sich beim Strom?
7 Gerät zum Nachweis von Ladungen
8 Beginn von Herzflimmern
9 Bewegte Ladung
10 Resultat von Ladungstrennung

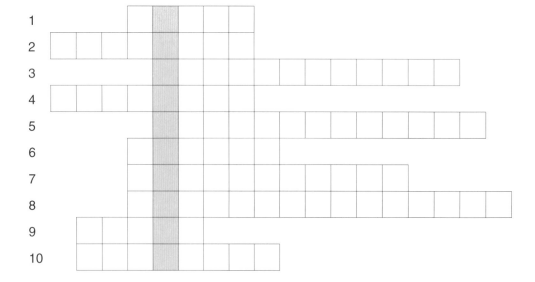

Technische Daten von Elektrogeräten verstehen

1 Bodenstaubsauger und Handstaubsauger

a Zähle einige wichtige Merkmale auf, durch die sich ein Bodenstaubsauger von einem Handstaubsauger unterscheidet.

_____

_____

 b Unten siehst du das Typenschild eines Bodenstaubsaugers und die technischen Daten eines Handstaubsaugers. Hier findest du insbesondere Angaben zu zwei physikalischen Größen. Recherchiere im Internet unter dem Schlagwort „physikalische Größen" und ermittle, um welche Größen es sich handelt und welche physikalische Einheit dazu gehört.

Technische Daten

Allgemeine Daten
- **Spannung:** 7,2 V
- **Laufzeit:** 9 Minute(n)
- **Aufnahmeleistung** (max): 87 W

Handstaubsauger

Bodenstaubsauger

Physikalische Größe	Wert beim Bodenstaubsauger	Wert beim Handstaubsauger	Physikalische Einheit	Abkürzung der physikalischen Einheit
	230			
		87		

c Beim Bodenstaubsauger findet man die folgenden Sicherheitshinweise:

 Sicherheitshinweise
- Gerät nur an Wechselstrom – 220/230 Volt – anschließen.
- Der Stromkreis für die verwendete Steckdose muss mindestens mit 16 A oder 10 A träge Sicherung abgesichert sein.

Eine physikalische Größe wurde hier anders (und falsch) benannt als beim Handstaubsauger. Benenne diese und gib die richtige Größe an.
Beim zweiten Sicherheitshinweis wird Bezug auf eine weitere physikalische Größe genommen. Benenne diese und gibt die dazugehörige physikalische Einheit an.

_____

_____

Die in dieser Aufgabe benannten physikalischen Größen werden oft falsch verwendet. Die folgenden Aufgaben helfen dir, eine physikalisch korrekte Vorstellung von diesen Größen zu entwickeln.

10 Technische Daten von Elektrogeräten verstehen

2 Eine besondere Vorstellung vom Strom und Spannung

Miriam steht auf einer Fußgängerbrücke, die über eine Autobahn führt, und beobachtet die sich unter ihr dahin bewegenden Fahrzeuge. Sie hat gehört, dass man den „Verkehrsstrom" durch die Anzahl der Autos, die pro Sekunde an einer Stelle vorbeifahren, beschreiben kann. Plötzlich fühlt sie sich dabei an die letzte Physikstunde erinnert, in der sie etwas über die elektrische Stromstärke erfahren hat.

Vergleiche den Stromfluss der unter Miriam dahinfahrenden Fahrzeuge mit dem elektrischen Strom von Ladungsträgern in einem elektrischen Stromkreis.
Beschreibe, wo die Grenzen des Vergleichs liegen.
Welche Definition für die elektrische Stromstärke ergibt sich analog zu dem Verkehrsstrom?

Vergleich: _____
_____
_____
_____

Grenzen: _____
_____
_____
_____

Definition: _____
_____

Da Miriam auch den Begriff der elektrischen Spannung kennengelernt hat, stellt sie sich vor, dass alle Lkw dieselben Güter transportieren, jedoch von Tag zu Tag unterschiedlich viele.
Stelle dar, wie Miriam diese Vorstellung mit dem Wissen um die elektrische Spannung in Verbindung bringt.

_____
_____
_____
_____
_____

Technische Daten von Elektrogeräten verstehen

3 Was strömt im Stromkreis?

Die beiden Abbildungen zeigen zwei ganz unterschiedliche Sichtweisen auf den Betrieb eines elektrischen Geräts:

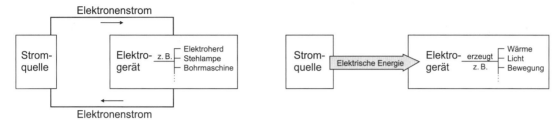

In der ersten Abbildung ist die **Strombeschreibung** zu erkennen. Die Elektronen fließen angetrieben von der Stromquelle auf der einen Seite in das Elektrogerät hinein, durch dieses hindurch und auf der anderen Seite durch die zweite Leitung wieder zurück in Richtung elektrischer Quelle.

Die **Energiebeschreibung** in der zweiten Abbildung macht deutlich, dass die elektrische Energie von der Energiequelle (die ihre Energie aus der Umwandlung anderer Energieformen bezieht, z. B. aus chemischer Energie bei einer Batterie) zum Elektrogerät fließt, wo sie in andere Energieformen umgewandelt wird.

a Erkläre, warum man für einen geschlossenen Stromkreis immer eine Hin- und Rückleitung benötigt. Auf welche Beschreibung vom elektrischen Stromkreis beziehst du dich bei deiner Erklärung?

b Oft hört man im Alltag, dass ein Elektrogerät viel Strom verbraucht.
Begründe, warum diese Aussage falsch ist. Auf welche Strombeschreibung soll sich diese Aussage beziehen und wie müsste sie dann richtig lauten?

Um beide Beschreibungen zu einem Modell zusammenzuführen, kann man sich die Elektronen gleichsam als ein Förderband für die elektrische Energie vorstellen. Beide Beschreibungen erfordern zusammen folgende Eigenschaften:
(1) Energie wird von einem Ort zum anderen transportiert.
(2) Die Energie wird von Teilchen transportiert, die sich im Kreis bewegen.
(3) Die Teilchen, die die Energie transportieren, verändern sich auf ihrem Weg nicht.

c Aus dem Alltag sind dir einige Systeme bekannt, die ebenfalls Energie transportieren.
Untersuche die in der folgenden Tabelle angegebenen Beispiele: Welche der oben genannten Eigenschaften (1) bis (3) eines elektrischen Stromkreises sind auch bei diesen Systemen zu finden?
Gib an, welche der Systeme gute Modelle für den elektrischen Stromkreis sein könnten.

12 Technische Daten von Elektrogeräten verstehen

System Modelleigen- schaften	Stromkreis	Förderband	Blutkreislauf	Fahrradreifen	Wasserstromkreis
Energietransport von einem **Ort** zum anderen	von der Stromquelle zum Elektrogerät				
Energietransport durch **Teilchen**, die sich im Kreis bewegen	Elektronen				
Teilchen bleiben **unverändert**.	Startende und zurückkommende Elektronen sind identisch.				

4 Spannung, Stromstärke und andere „Verwandte"

In dieser Aufgabe geht es um zwei unterschiedliche Lampen, die durch unterschiedlich starke Spannungen versorgt werden. Setze die Begriffe *Spannung*, *Stromstärke*, *Energie* oder *Elektron(en)* richtig in den Lückentext ein; an manchen Stellen musst du auch rechnen.

U = 5,9 V, I = 0,1 A

U = 8,7 V, I = 0,1 A

Im **ersten Bild** ist eine Lampe über einen Ein-Aus-Schalter an regelbare elektrische Quelle angeschlossen, die angelegte _____ beträgt U = 5,9 V. Mithilfe eines Amperemeters registriert man eine elektrische _____ von I = 0,1 A durch die Lampe. Beim Schließen des Schalters sorgt die elektrische Quelle dafür, dass sich die in allen Leiterteilen vorhandenen _____ gleichzeitig in Bewegung setzen. Sie stellen den Stromfluss dar, den das Stromstärke-Messgerät registriert. Die elektrische Quelle sorgt dafür, dass allen Elektronen im Leiterkreis und in der Lampe _____ zur Verfügung steht, damit die Lampe (sehr schwach) leuchtet. Jedes _____ stellt dabei dieselbe _____ zur Verfügung. Da die Stromstärke I = 0,1 A beträgt, fließt durch den Glühfaden der Lampe in einer Minute die Ladung Q = _____ hindurch.

Im **zweiten Bild** ist eine andere Lampe an die Spannungsquelle angeschlossen. Die _____ beträgt ebenfalls I = 0,1 A, die angelegte _____ beträgt nun U = 8,7 V. Da die Stromstärke sich nicht verändert hat, fließt auch durch diese Lampe in einer Minute die Ladung Q = _____ hindurch, d. h.: Durch die Lampen in Bild 1 und Bild 2 fließen in einer Minute gleich viele _____. Da die Lampe in Bild 2 deutlich heller leuchtet als die in Bild 1, muss sie von den _____ mehr _____ erhalten. Da die Anzahl der _____ bei Lampe 1 und 2 übereinstimmt, muss bei Lampe 2 jedes einzelne Elektron mehr _____ besitzen, die es an die Lampe abgibt.

Technische Daten von Elektrogeräten verstehen

5 Die Festlegung der elektrischen Spannung

Die Schaltung im Bild oben zeigt ein einzelnes an eine elektrische Quelle U_1 angeschlossenes Lämpchen.

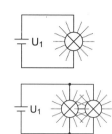

a Schließt man parallel zum ersten ein zweites baugleiches Lämpchen an (Bild unten), stellt man fest, dass das zweite Lämpchen mit derselben Helligkeit zu leuchten beginnt wie das erste, ohne dass dessen Helligkeit verändert würde. Begründe, warum man daraus schließen kann, dass zwar jetzt die doppelte Energie in den Lämpchen in Licht und Wärme umgesetzt wird, sich aber die Ausbeute der „Energie pro Ladung" insgesamt nicht verändert hat.

b Was geschieht, wenn man ein drittes Lämpchen parallel zu den beiden ersten hinzu einbaut?

c Beschreibe die Bedeutung des Quotienten $\frac{E}{Q}$.
Begründe, dass dieser Quotient konstant ist und nicht abhängt von den in den Versuchen a und b so unterschiedlich großen Stromstärken.

d Die beiden Lämpchen des Ausgangsversuchs werden nun hintereinander geschaltet.
Begründe, dass dadurch jetzt in beiden Lampen zusammen weniger (!) Energie umgesetzt wird, als wenn nur eine einzige Lampe in den Stromkreis eingebaut wäre.

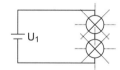

14 Technische Daten von Elektrogeräten verstehen

e Man wechselt die Quelle U_1 aus gegen eine elektrische Quelle U_2, die gerade so stark ist, dass jedes der beiden hintereinander geschalteten Lämpchen so hell leuchtet, wie das erste Lämpchen bei Teilaufgabe a.
Welchen Wert für den Quotienten $\frac{E}{Q}$ erhält man jetzt?

f Warum ist der Quotient geeignet, die „Stärke" einer elektrischen Quelle zu beschreiben? Welches ist der physikalische Fachbegriff für die Stärke der Quelle?

6 Wasserkocher im Vergleich

Ein moderner Wasserkocher mit einer Leistung von 2 400 W benötigt ca. 3 Minuten, um 1 Liter Wasser von 15 °C auf knapp 100 °C zu erwärmen. Ein schon etwas älteres Modell mit einer Leistung von 1 800 Watt benötigt dafür ca. 4 Minuten.

a Begründe, warum beide Geräte die gleiche Energie an das Wasser übertragen.

b Begründe, warum es bei dem alten Wasserkocher länger dauert, bis das Wasser erhitzt ist.

c Bestimme aus den gegebenen Werten einen Zusammenhang zwischen Energie, Leistung und Zeit.

d Begründe: Alle einzelnen Ladungsträger, die durch einen der beiden Wasserkocher fließen, besitzen die gleiche Energie.

e Erkläre, wie der Wasserkocher mit 2 400 W dann mehr Energie pro Sekunde abgeben kann, wenn in beiden Wasserkochern Elektronen mit der gleichen Energie unterwegs sind. Welche physikalische Größe wird dadurch beeinflusst?

Technische Daten von Elektrogeräten verstehen 15

f   Jemand plant, sich von seinem nächsten Urlaub in den USA eine Kaffeemaschine mitzubringen, da sie dort angeblich günstiger ist. Vorab vergleicht er die technischen Daten. Hierbei entdeckt er, dass alle Daten identisch sind mit Ausnahme der Spannung. In den USA beträgt die Spannung im Haushaltsstromnetz nur 120 V.

System für Kaffeepads Technische Daten	Coffee Pod System Specifications
Technische Daten • Leistung: 1450 W • Spannung: 220 – 240 V • Frequenz: 50 – 60 Hz • Kabellänge: 100 cm	**Technical Specification** • Power: 1450 W • Voltage: 120 V • Frequency: 60 Hz • Cord length: 100 cm

Begründe anhand der technischen Daten, warum durch die „amerikanische" Kaffeemaschine ein annähernd doppelt so großer Strom fließt wie durch die deutsche Variante.

___

Begründe:
- Bei gleicher Spannung: Je größer die Stromstärke, mit der ein Elektrogerät betrieben wird, desto größer ist die Leistung.

___

- Bei gleicher Stromstärke: Je größer die Spannung, an die ein Elektrogerät angeschlossen wird, desto größer ist die Leistung.

___

Die beiden Argumente zeigen, dass die Gleichung $P = U \cdot I$ sinnvoll ist.

7 Handy- und Notebook-Akku

Auf dem Akku eines Handys bzw. eines Notebooks sind einige technische Informationen abgedruckt, u. a. findet man beispielsweise die Angaben „3,6 V" und „900 mAh" bei einem Handy-Akku bzw. „14,4 V" und „4 400 mAh" bei einem Notebook-Akku.

a   Begründe, dass mit „mAh" die Einheit einer elektrischen Ladung angegeben wird.
Die „900 mAh" beim Handy-Akku bzw. „4 400 mAh" beim Notebook-Akku geben an, welche Ladungen die beiden Akkus maximal aufnehmen können.
Berechne, um wie viel Coulomb es sich jeweils bei der Angabe handelt.

b   Auf dem Ladegerät für den Handy-Akku ist zu lesen, dass dieses eine Stromstärke von 0,45 A liefert.
Berechne, wie lange es dauert, bis ein völlig leerer Akku vollständig aufgeladen ist.

Handy-Akku

c Der Handy-Hersteller gibt an, dass man mit einem voll geladenen Akku 9 Stunden Gesprächszeit hat und das Gerät 400 Stunden im Standby-Modus betreiben kann.
Berechne jeweils, welche Stromstärke während des Gesprächs bzw. im Standby-Modus fließt. Berechne mithilfe der zweiten auf dem Akku angegebenen Größe, welche elektrische Leistung während des Gesprächs bzw. im Standby-Modus benötigt wird.

d Vergleiche die vom Handy-Akku gespeicherte elektrische Energie mit der vom Notebook-Akku gespeicherten Energie.

e Das Notebook kann mit einem voll geladenen Akku etwa 3 Stunden betrieben werden.
Begründe anhand der gegebenen Daten zunächst ohne zu rechnen, dass beim Notebook ein wesentlich größerer Strom fließt als beim Handy, und berechne anschließend das Verhältnis der Stromstärken in Handy und Notebook.

Notebook-Akku

8 Teste dich!

Welche der folgenden Aussagen sind richtig, welche falsch?

          richtig   falsch

a Durch Reibung werden auf einem Plastikstab elektrische Ladungen erzeugt. ☐ ☐

b Es gibt positive, negative und neutrale Ladungen. ☐ ☐

c Bei der Influenz überträgt man Ladungen auf einen leitfähigen Körper. ☐ ☐

d Ladung und Strom sind das gleiche. ☐ ☐

e Eine Stromquelle erzeugt Elektronen, die zum Verbraucher (z. B. Glühlampe) fließen und dort verbraucht werden. ☐ ☐

f Bei doppelter Stromstärke fließen auch immer doppelt so viele Ladungen pro Zeiteinheit durch eine Leiterquerschnittsfläche hindurch. ☐ ☐

Korrigiere die falschen Aussagen:

_____

_____

_____

_____

_____

_____

Der elektrische Widerstand

1 Kennlinien von Leitern

Der elektrische Widerstand eines Gegenstands ist definiert als $R = \frac{U}{I}$. Er ist im Allgemeinen von der Temperatur, die der Gegenstand hat, abhängig.

a Nenne mindestens eine weitere temperaturabhängige physikalische Größe, die einen Gegenstand kennzeichnet.

_____

_____

b Skizziere ein Temperatur-Widerstand-Diagramm und ein Temperatur-Stromstärke-Diagramm (bei konstanter Spannung) für einen Gegenstand, dessen Widerstand mit zunehmender Temperatur größer wird:

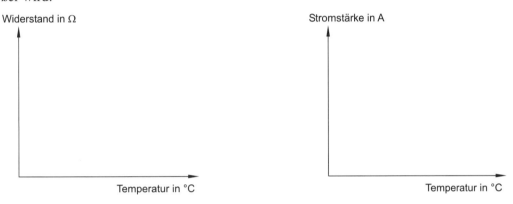

c Sieh dir das Video zum Versuch *Stromdurchflossener geheizter Draht* an.
Video 4

Vergleiche deine Beobachtungen mit den in Teilaufgabe b skizzierten Diagrammen.

_____

_____

_____

d Sieh dir die Videos zu den Versuchen
Video 5
Video 6
- *Stromdurchflossener Draht ohne Kühlung*
- *Stromdurchflossener gekühlter Draht*

an.

Fülle mithilfe der Videos die unten stehende Tabelle aus, berechne die Widerstände und erstelle ein I(U)-Diagramm.

Begründe mithilfe der Erkenntnisse von Teilaufgabe c, warum der Widerstand bei dem einen Versuch konstant bleibt und bei dem anderen mit wachsender Spannung – und bedingt dadurch auch mit wachsender Stromstärke – zunimmt.

18 Der elektrische Widerstand

U in V	0,0	0,5	1,0	1,5	2,0	3,0	4,0	5,0	6,0
ohne Kühlung: I_1 in A									
mit Kühlung: I_2 in A									
$R_1 = \frac{U}{I_1}$ in Ω									
$R_2 = \frac{U}{I_2}$ in Ω									

e Fülle den Lückentext korrekt mit den gegebenen Worten aus.

geradlinigen – größer – größer – größere – größere – kleiner – kleinere – stärker – Stromstärke – Spannung – unabhängig – weniger

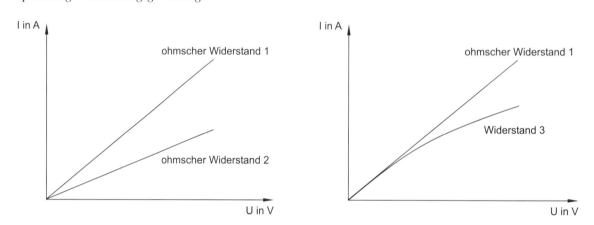

In den abgebildeten Diagrammen sind die I(U)-Kennlinien von zwei ohmschen Widerständen bzw. von einem ohmschen und einem nicht-ohmschen Widerstand dargestellt. Als ohmsche Widerstände werden Bauteile bezeichnet, deren Widerstand von der Temperatur _____ ist. Die beiden Kennlinien zeigen durch ihren _____ Verlauf, dass es sich hier tatsächlich um ohmsche Widerstände handelt. Hätte beispielsweise eine der beiden Kurven einen mit zunehmender Spannung flacher werdenden Verlauf (Widerstand 3), würde dies bedeuten, dass der elektrische Widerstand mit zunehmender Spannung _____ würde, denn: mit zunehmender Spannung nimmt auch die _____ zu, wodurch sich das Bauteil erwärmt; sein Widerstand wird _____, da der Quotient aus _____ und Stromstärke größer wird. Bei den beiden im Diagramm gegebenen Kurven erkennt man, dass Widerstand 1 _____ ist als Widerstand 2. Grund: Bei einer Spannung von U = 1 V fließt durch den Widerstand 1 eine _____ Stromstärke als durch Widerstand 2, d. h. der Strom wird _____ gehemmt. Bei einer Stromstärke von 1A muss der Strom beim Widerstand 1 durch eine _____ Spannung angetrieben werden, als dies bei Widerstand 2 der Fall ist. Der _____ Antrieb bei Widerstand 2 ist notwendig, da Widerstand 2 den Strom _____ bremst als Widerstand 1.

Der elektrische Widerstand

2 Heiß- und Kaltleiter – NTC und PTC

Bei der Aufgabe 1 „Kennlinien von Leitern" hast du gesehen, dass der Widerstand von Metallen mit steigender Temperatur zunimmt. Metalle leiten im kalten Zustand besser als im erwärmten, darum gehören sie zu den sogenannten **Kaltleitern** oder PTC-Widerständen. PTC steht für die englische Bezeichnung „**p**ositive **t**emperature **c**oefficient", d. h. der Widerstand erhöht sich mit steigender Temperatur.

In der Elektronik werden häufig **Heißleiter** verwendet, d. h. Bauteile, deren Widerstand sich mit steigender Temperatur verringert. Entsprechend spricht man hier von NTC-Widerständen („**n**egative **t**emperature **c**oefficient").

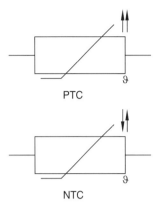

Schaltzeichen von Kalt- und Heißleiter

a Graphit – ein Heißleiter

In der Elektronik werden NTC-Widerstände in der Regel aus Halbleitern hergestellt, aber auch Graphit ist ein Heißleiter. Plane und beschreibe einen Versuch, mit dem du nachweisen kannst, dass Graphit ein Heißleiter ist.

Hinweis: Wenn du den Versuch selbst durchführen möchtest, kannst du eine Bleistiftmine als Graphitstab benutzen. Wenn du einen Bleistift in einem Wasserbad einweichst, kannst du das Holz relativ leicht von der Mine lösen.

b Weihnachtsbaumkette

Bei einer Weihnachtsbaumkette sind die Lämpchen in Reihe geschaltet, sodass die ganze Kette eigentlich ausgehen müsste, wenn ein Lämpchen defekt wird. Bei vielen modernen Lichterketten leuchten jedoch alle Lämpchen bis auf das Defekte weiter. Damit dies möglich ist, wird in jedes Lämpchen ein Heißleiter eingebaut, wie auf dem Foto rechts zu sehen ist.

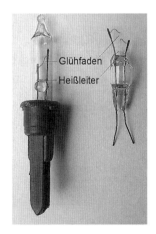

Erstelle eine Schaltskizze für zwei Lämpchen und erkläre, warum das zweite Lämpchen weiter leuchtet, wenn der eine Glühdraht defekt ist.

 c Feuermelder

 Die Temperaturabhängig von PTCs und NTCs werden auch für Feuermelder und Frostmelder genutzt. Sieh dir das Video *Modellversuch für einen Feuermelder* an.

Fertige eine Schaltskizze an und begründe, ob es sich bei dem verwendeten Bauelement um eine Kalt- oder Heißleiter handelt.

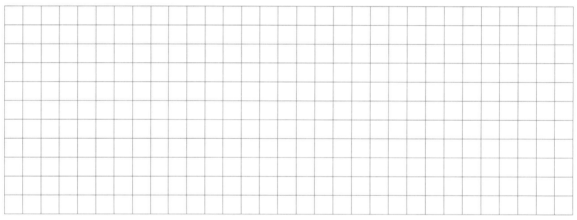

d Leuchten bei Kälte

 Konstruiere eine Schaltung, bei der bei niedrigen Temperaturen eine Lampe anfängt zu leuchten. Erkläre, wozu diese Schaltung eingesetzt werden könnte.

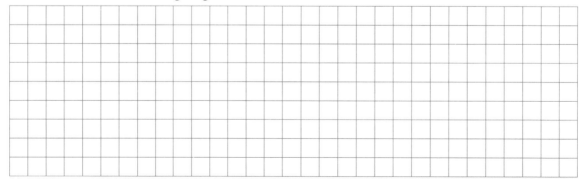

Der elektrische Widerstand

3 Elektronische Thermometer

Bei vielen elektrisch betriebenen Thermometern werden Heißleiter als Bauelemente zur Temperaturmessung benutzt. Die sehr stark vereinfachte Schaltskizze veranschaulicht das Prinzip.

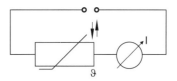

a Erkläre das Prinzip, das dieser Temperaturmessung zugrunde liegt.

_____

_____

_____

_____

b Das Diagramm zeigt die Widerstandswerte des Heißleiters in Abhängigkeit von der Temperatur. In der Tabelle findest du verschiedene Werte, die auf dem Amperemeter abgelesen wurden. Bestimme die dazugehörigen Temperaturen, wenn die Spannungsquelle eine Spannung von 3 V liefert. (In den leeren Spalten kannst du notwendige Hilfsgrößen berechnen.)

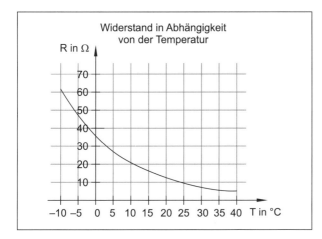

I in A	T in °C		
0,05			
0,10			
0,15			
0,20			
0,30			
0,40			
0,50			

4 Widerstands-Blackbox

In den Deckel einer Holzkiste sind drei Anschlussbuchsen 1, 2 und 3 eingelassen; in der Holzkiste befinden sich drei Widerstände, die gemäß der Abbildung miteinander verbunden sind. Von den drei Anschlussbuchsen führt jeweils eine Verbindung zu je einer der Ecken A, B und C des Widerstandsdreiecks.
Schließt man an den Buchsen 1 und 2 eine Spannung von 15 V an, so fließt ein Strom von 1 A. Bei den Buchsen 1 und 3 misst man bei einer Spannung von ebenfalls 15 V eine Stromstärke von 0,8 A.

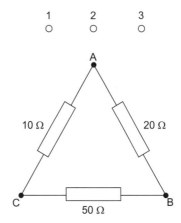

Berechne, mit welchen Ecken die Buchsen jeweils verbunden sind, und zeichne die Verbindungskabel in das Bild ein. Berechne, wie groß die Stromstärke ist, wenn die Spannung von 15 V an den Buchsen 2 und 3 angeschlossen wird.

5 Alles auf einen Blick

Die Grafik rechts verknüpft die wichtigsten Begriffe der Elektrizitätslehre. In jedem Feld steht oben die physikalische Größe und in der zweiten Zeile das Formelzeichen dieser Größe, die Abkürzung der dazugehörigen Einheit sowie die Formel, durch die die Größe bestimmt ist.
Vervollständige die Kästchen und ordne die physikalischen Größen in den Zeilen neben der Grafik zu.

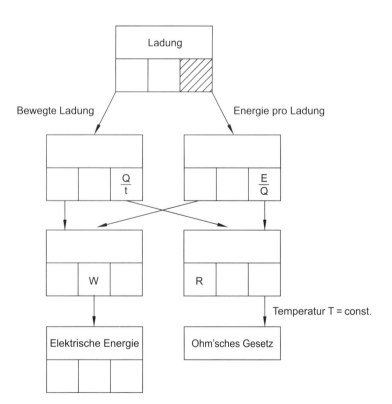

Der elektrische Widerstand

6 Widerstandspuzzle

Schneide die Dreiecke aus und lege sie und so auf das große Dreieck, dass immer zwei zusammengehörige Begriffe an einer Kante aneinander grenzen.

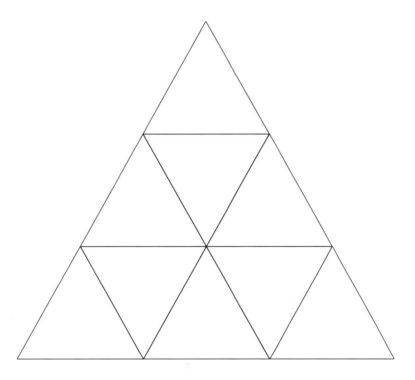

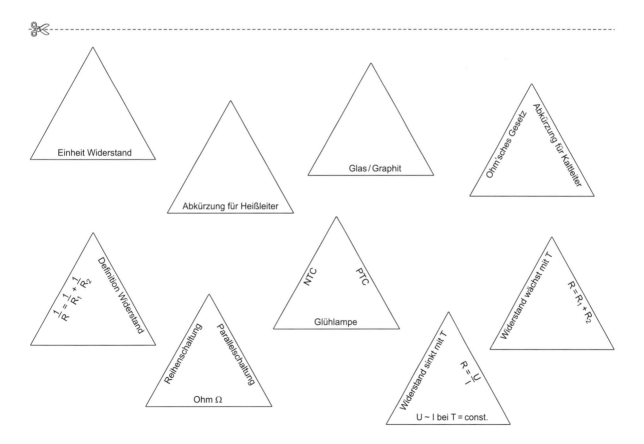

24 Der elektrische Widerstand

7 Teste dich!

Welche der folgenden Aussagen sind richtig, welche falsch?

		richtig	falsch
a	Verdoppelt man die an einen Leiter angelegte Spannung, dann verdoppelt sich auch die Stromstärke im Leiter.	☐	☐
b	Kühlt man eine Kupferleitung ab, dann fließt bei gleich großer angelegter Spannung ein Strom einer größeren Stärke durch sie hindurch.	☐	☐
c	Schaltet man zwei gleich große Spannungsquellen parallel, dann geben die Leittungselektronen in einem Widerstand mehr Energie ab, als wenn nur eine Spannungsquelle verwendet wird.	☐	☐
d	Schaltet man zwei gleich große Spannungsquellen hintereinander, dann geben die Leitungselektronen in einem Widerstand mehr Energie ab, als wenn nur eine Spannungsquelle verwendet wird.	☐	☐

Korrigiere die falschen Aussagen:

_____

_____

_____

_____

(Schnittfläche zu Aufgabe 6)

Elektrik im Haus

1 Anschluss einer Deckenlampe

Herr Meier hat sich eine neue Deckenlampe gekauft. Sie benötigt zwei Glühlampen, die jeweils eine Leistung von maximal 60 W haben dürfen. Herr Meier will die Deckenlampe selbst anschließen, öffnet die Verpackung und sieht im oberen Teil der aufgeklappten Lampe (siehe Foto) drei Anschlüsse an der Lüsterklemme: Von „N" und von „L" gehen jeweils zwei Adern zu den Glühlampenfassungen auf der anderen Seite der Deckenlampe ab, der mittlere Anschluss „⏚" ist direkt über eine kleines Metallplättchen mit dem metallischen Lampengehäuse verbunden.

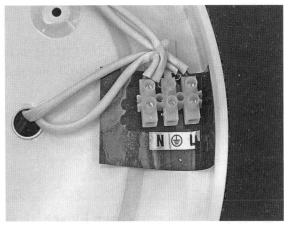

Diese Seite ist der Decke zugewandt. Jeweils eins der beiden sichtbaren Kabel, die von „N" und „L" starten, gehen zu je einer der beiden Glühlampen auf der anderen Seite.

a Erkundige dich durch Recherche im Internet, wofür die drei Zeichen „N", „⏚" und „L" stehen.

b Begründe anhand der von den Anschlüssen „N" und „L" abgehenden Adern, warum es sich hier um eine Parallelschaltung der beiden Glühlampen handelt.

c Erkläre die Bedeutung des mit dem metallischen Lampengehäuse verbundenen mittleren Anschlusses „⏚".

d Beim Anschluss der drei Adern seiner Elektrizitätsleitung muss Herr Meier ein blaues, ein braunes und ein grün-gelb ummanteltes Kabel anschließen. Welches Kabel gehört an welchen Anschluss?

e Warum ist es wichtig, dass im Inneren des Lampengehäuses eine Angabe zur Maximalleistung der verwendbaren Glühlampen zu finden ist?

f Begründe, warum der Hersteller im Inneren des Lampengehäuses über den einzuschraubenden Glühlampen ein dünnes Metallblech angebracht hat.

2 Warum eine Glühlampe beim Einschalten durchbrennt

Der Glühdraht einer Lampe wird in der Regel aus dem Metall Wolfram hergestellt. Der Draht einer 60-W-Glühlampe hat im kalten Zustand einen Widerstand von ca. 60 Ω.

a Berechne die Stromstärke, die beim Einschalten der Glühlampe durch den Draht fließt, wenn diese an der Netzspannung von 230 V angeschlossen ist, sowie die Leistung, die sich daraus ergibt.

b Berechne die Stromstärke, die notwendig ist, um die angegebene Leistung von 60 W zu erhalten. Begründe, welche Größe sich beim Betrieb der Glühlampe verändert, und berechne, wie groß diese dann ist.

c Erkläre, warum Glühlampen besonders häufig beim Einschalten durchbrennen.

Elektrik im Haus

d Recherchiere im Internet, was man unter „spezifischem Widerstand" versteht, und ermittle den spezifischen Widerstand von Wolfram.
Berechne damit, wie lang der 0,001 mm² dicke Glühdraht ist.

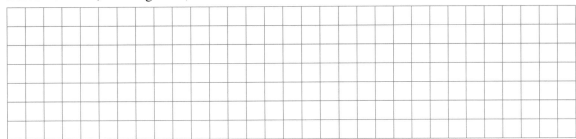

3 Halogendeckenlampe

Bei der abgebildeten Lampe befindet sich in der Mitte in dem schwarzen Kasten ein Transformator, der die normale 230 V Spannung auf eine Spannung von 12 V zur Versorgung der einzelnen Halogenlampen reduziert.

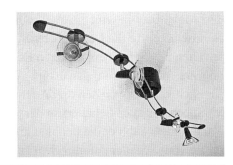

a Fertige eine Schaltskizze für die Lampe an.

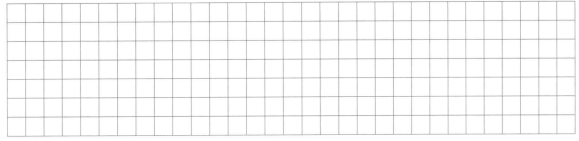

b An den Enden sind aus optischen Gründen die beiden Leitungen mit Plastikkappen verbunden. Begründe, warum dort keine Verbindung aus leitendem Material vorliegen darf.

c Die Halogenlampen werden mit Kleinspannungen von 12 V betrieben. Manche Leute behaupten, dass dadurch weniger Energie verbraucht wird als bei Lampen, die mit 230 V betrieben werden. Beurteile diese Aussage.

Hinweis: Typische Seilsysteme bestehen z. B. aus vier 35-W-Halogenlampen.

Elektrik im Haus

d Die Strom führenden Leitungen, an denen die Halogenlampen angebracht sind, sind nicht isoliert, sodass man problemlos an die blanken Leitungen fassen kann.
Begründe, warum dies keine Gefahr bedeutet.

4 Gefährlicher Schalter

Herr Meier baut in seinem Arbeitszimmer einen neuen Wandschalter für die Deckenbeleuchtung als Ersatz für den alten ein. Seit einem früheren Einbau weiß er, dass ein solcher Schalter nur genau eine Ader unterbricht. Ziemlich verwirrt von den drei Adern, die er beim Abschrauben des alten Schalters in der Schalterdose in der Wand findet, wählt er die hellblau ummantelte Ader aus, um sie vom Schalter unterbrechen zu lassen.

a Begründe, warum dieser Schalter, auf diese Art angeschlossen, tatsächlich als Ein-Aus-Schalter funktioniert.

b Nimm aus sicherheitstechnischer Sicht Stellung zu seiner Wahl. Begründe, warum Herrn Meiers Vorgehen sogar tödlich enden kann, wenn er später einmal bei einem nötigen Auswechseln der Glühlampe zwar sicher ist, dass der Schalter auf AUS steht, dann aber im Zuge des Einschraubens der neuen Glühlampe mit einem Finger in die Schraubfassung gerät.

Elektrik im Haus

5 Dreiadrige Kabel und mehr...

Ein übliches Kabel der Elektro-Hausinstallation enthält **drei** Adern: eine ist der spannungsführende „Außenleiter" (schwarz ummantelt), auch „Phase" genannt, die zweite ist der „Neutralleiter" (heute in der Farbe blau ummantelt) und die dritte stellt den „Schutzleiter", eine „Erde", dar (grün-gelb ummantelt).

Bei **vier- und mehradrigen** Kabeln ist die vierte Ader (heutzutage) meist braun ummantelt. Solche Kabel benötigt man, wenn man von mehreren Stellen aus eine Lampe ein- und ausschalten möchte.

Die folgende Schaltung zeigt dir, wie man zu Hause mit drei Schaltern von drei verschiedenen Stellen aus eine Deckenlampe ein und ausschalten kann.

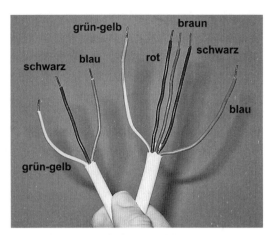

Beispiel für drei- und fünfadriges Kabel

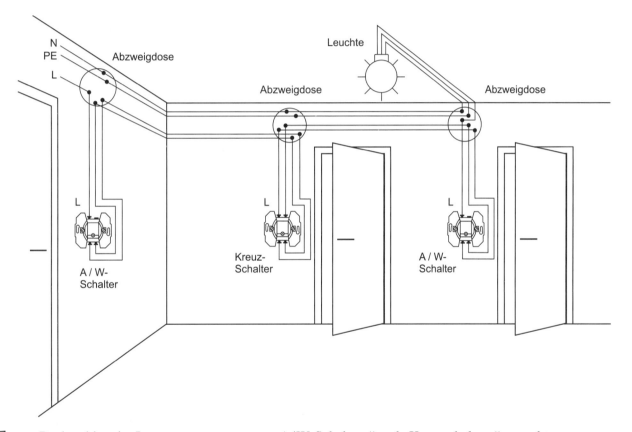

a Recherchiere im Internet, was man unter „A/W-Schaltern" und „Kreuzschaltern" versteht.

_____

_____

b Färbe die entlang der Decke verlaufenden Kabel in der Farbe ihrer Ummantelung.

c Begründe, auf welchen Schalter man verzichten kann, wenn man lediglich von zwei Stellen die Deckenlampe ein- bzw. ausschalten muss.

_____

6 FI-Schalter

Beim Bügeln geschah es: Das Anschlusskabel des schon häufig genutzten Bügeleisen war brüchig geworden, sodass es bei der Bewegung des Bügeleisens zu einem kurzzeitigen Kontakt zwischen Außen- und Neutralleiter kam. Die Sicherung des entsprechenden Stromkreises sprang sofort an und schaltete den Strom unmittelbar ab.

Herr Meier will das Kabel nun reparieren. Damit schnell und zügig weiter gebügelt werden kann, holt er die Zange, um das defekte Ende des Anschlusskabels, dessen eines Ende noch in der Steckdose steckt, abzukneifen:

Weil ja die Sicherung den Strom abgeschaltet hat, kann nichts passieren, sind Herrn Meiers Gedanken. Als er das defekte Kabel jedoch mit der Zange durchkneift, bemerkt er, dass im selben Augenblick der Strom in seinem gesamten Haus abgeschaltet wird. Bei der Kontrolle am Schaltkasten stellt er fest, dass jetzt der Fehlerstromschutzschalter („FI-Schalter") angesprochen hat.

a Erkundige dich, warum es in einer Wohnung üblicherweise mindestens einen FI-Schalter gibt und meist mehrere Sicherungen für einzelne Stromkreise, wie etwa den für die Außensteckdosen.

_____

_____

_____

b Woran kann es liegen, dass der FI-Schalter einen „Fehlerstrom" registriert, obwohl Herr Meier doch die Sicherung des entsprechenden Stromkreises ausgeschaltet hat?

_____

_____

_____

7 Potenzialausgleich im Haus

Das Foto zeigt dir eine sogenannte „Potenzialausgleichsschiene", wie sie sich im Keller aller neueren Häuser findet.

Erkundige dich im Internet, um was es sich hierbei handelt, woraus sie besteht und warum sie eingebaut wird.

_____

_____

_____

_____

_____

Elektrik im Haus

8 Der Phasenprüfer

Glimmlampe

Das Foto zeigt dir einen Schraubendreher-Phasenprüfer, wie man ihn überall im Fachgeschäft oder Baumarkt kaufen kann. Er dient dazu, zu Hause vor einer Elektroinstallation zu prüfen, ob noch einer der beiden Pole einer Steckdose „die Netzspannung führt" (diesen spannungsführenden Pol nennt man „Außenleiter" oder auch „Phase"). Man führt seine Metallspitze nacheinander in beide Öffnungen der Steckdose und berührt mit dem Finger das hintere Ende des Phasenprüfers: Leuchtet die kleine im Phasenprüfer angebrachte Glimmlampe auf, dann berührt man den Außenleiter.

Hinweis: Erfahrungsgemäß sind solche Phasenprüfer häufig defekt. Trotz Spannung zeigt die Glimmlampe nichts an. Für eine verlässliche Spannungsprüfung sind sie daher ungeeignet!

a Im Falle des Aufleuchtens der Glimmlampe weiß man, den Außenleiter getroffen zu haben. Vergleiche den dadurch gebildeten Stromkreis mit dem entsprechenden Stromkreis, der als einer von mehreren in dem nachfolgenden Bild erkennbar vorkommt. Begründe deine Entscheidung.

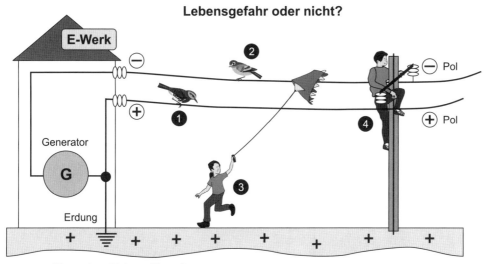

Lebensgefahr oder nicht?

Momentane Erdung: Pluspol

b Begründe, warum man keinen „Stromschlag" bekommt, obwohl man doch über den Spannungsprüfer den Außenleiter der Steckdose berührt und sogar die aufleuchtende Glimmlampe signalisiert, dass man die Netzspannung „berührt".

Hinweis: Die Glimmlame beginnt erst ab einer Spannung von ungefähr 100 V aufzuleuchten.

c Warum springt eigentlich nicht der FI-Schalter im Haus an?

d Erläutere, warum der Metallstift des Phasenprüfers bis auf ein ganz kleines Stückchen an seinem vorderen Ende isoliert ist.
Begründe, warum es ohne diese Isolierung lebensgefährlich wäre, wenn man beim Einführen des Phasenprüfers in die Steckdose abrutscht und dabei den dann frei liegenden Metallstift berührt.

e Den Phasenprüfer hat den Spitznamen „Lügenstift". Finde anhand einer Internet-Recherche einige der vielen Gründe dafür und nimm Stellung, inwieweit du die dortigen Angaben physikalisch nachvollziehen kannst.

9 Hausaußenlicht

Herr Meier möchte die Außenbeleuchtung seines Hauses, die er bisher nur über einen Schalter (S1) per Hand ein- und ausschalten kann, deutlich komfortabler gestalten: Das Licht soll sich automatisch mit Beginn der Dunkelheit einschalten und um Mitternacht selbstständig ausgehen. Früh morgens soll sich ab 5.00 Uhr bis zum Eintritt der Helligkeit die Beleuchtung wieder einschalten. Während der Nachtstunden zwischen Mitternacht und 5.00 Uhr soll sich das Licht zusätzlich einschalten, falls sich eine Person dem Hauseingang nähert.

a Füge die Begriffe *Bewegungsmelder, Lichtsensor, Zeitschaltuhr* korrekt in den Lückentext ein:

Um zu bestimmten Zeitpunkten einen elektrischen Schaltkreis ein- oder auszuschalten, benötigt man eine _____, die als ein weiterer Schalter (S2) dient. Einen _____ als Schalter (S3) verwendet man, um auf unterschiedliche Lichtverhältnisse reagieren zu können. Um ankommende Personen zu erkennen, braucht man einen _____ als Schalter (S4).

b Vervollständige die Skizze zu einem Schaltkreis, mit dem zunächst unabhängig vom Handschalter (S1) das Licht bei Dunkelheit (S3) eingeschaltet wird.

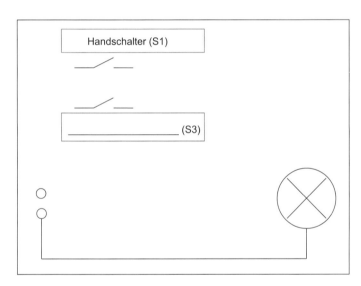

c Entscheide, wie die beiden anderen Schalter (S2 und S4) eingebaut werden müssen, damit im Falle genügender Dunkelheit das Licht nur während der gewünschten Zeit oder für den Fall einer herannahenden Person angeht.
Vervollständige die Schaltung.

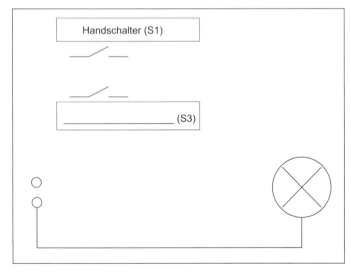

Elektrik im Haus

10 Eine Stromrechnung im Haushalt

Die Abbildung zeigt dir eine Stromrechnung aus dem Jahr 2007, wie sie ein deutscher Energieversorger an einen seiner Kunden versandt hat.

Strom

Verbrauchsstelle
Zählpunkt
Vertrag

Stromverbrauch HT

Zähler-nummer	Zähl-werk	Zeitraum von bis	Zählerstand alt neu*	Differenz	x Faktor	Verbrauch kWh
41182366	001	01.01.07 31.07.07	60.135,000 63.317,000 S	3.182,000		3.182,000
41182366	001	01.08.07 24.11.07	63.317,000 64.937,000 K	1.620,000		1.620,000
41182366	001	25.11.07 31.12.07	64.937,000 65.576,000 H	639,000		639,000
					Summe	5.441,000

*Ableseart: A = Ablesung durch EVU, K = Kundenablesung, S = Maschinelle Schätzung, H = Hochrechnung

Vergleich zum Vorjahreszeitraum

Verbrauchsart	Zeitraum von bis	Leistung/Verbrauch kWh
Stromverbrauch HT	01.01.06 31.12.06	5.453,000

Betrag

	Zeitraum von bis	Zuschlag/Rabatt	Abrechnungsmenge bzw. Faktor	Preis	Zeit/Tage	Betrag
Stromverbrauch HT	01.01.07 31.12.07		5.441 kWh x	0,147370 EUR/kWh		801,84 EUR
Grundpreis HT	01.01.07 31.12.07			104,300000 EUR/ 365 x	365	104,30 EUR
				Nettosumme Strom		906,14 EUR
				zuzgl. Mehrwertsteuer 19,00 %		172,17 EUR
				Bruttosumme Strom		1.078,31 EUR

In dem Nettobetrag von 906,14 EUR sind Kosten für die Netznutzung von 338,45 EUR sowie gesetzliche Steuern und Abgaben von 263,01 EUR enthalten.

a Was kostet eine kWh inkl. MWSt?

b Erkundige dich, wie der Energieversorger für euren Haushalt die „Schätzungen" vornimmt.

c Zähle Gründe auf, die wesentlich zu unterschiedlichen Stromverbräuchen über die Jahre hinweg führen können.

d Ermittle in eurem Haushalt diejenigen Geräte, die für ihren Betrieb kurzfristig viel Strom benötigen, und solche, die über das gesamte Jahr hinweg wohl den meisten Strom benötigen.

e Im Schlusssatz schreibt der Energieversorger, dass im Nettobetrag u. a. Gelder für „gesetzliche Steuern und Abgaben" enthalten sind. Erkundige dich, ob es sich dadurch bei der Einrechnung der Mehrwertsteuer um eine Doppelbesteuerung („Steuern auf bereits bezahlte Steuern") handelt.

Elektrik im Haus

f Auf dem Foto siehst du einen Drehstromzähler. Er zeigt im oberen Feld die Zahl „025750,3". Welche Bedeutung hat diese Zahl?

Welchen Zweck hat das darunter befindliche sich drehende Rad?

g Vergleiche die oben genannten Stromkosten mit den Stromkosten für deine Familie und recherchiere im Internet, wie hoch die Stromkosten bei anderen Versorgungsunternehmen gewesen wären.

11 Teste dich!

```
P A R A L L E L S C H A L T U N G D T
P O T E N Z I A L A U S G L E I C H F
A P Z L I R C C Z N Z B B B D I E M D X
C K S T R O N K R E I S C V B O A R B
K N E E S L O M M U C A B E L O R E K
M A U ß E N L E I T E R K B E I Z H U
Y F C M D K I G J R O O L Y P J Z S S
T V T G F U Z H K A B E L S M A U T T
L D I S K K P P G L H Y K C D Q J R R
S P A N N U N G M I P M P H A S E O O
K S E U P H A S S E H M T A E L S M M
O K H L M N V Z Z I H D L L D E C Z R
N W S I I B S T P T H J E T T I H A E
G L U E H L A M P E X E I E L T A E C
Q F E H L E R S T R O M S R U U L H H
H A L O G E N L A M P E T L I M F L N
I P N A Y C Z B L E I T U N N G E E U
I R E R B J P S P A N U N G T J R R N
S T R O M K R E I S H X G L I Q Y T G
```

In dem Buchstabensalat sind 14 physikalische Begriffe aus diesem Kapitel versteckt (waagerecht und senkrecht). Kannst du sie finden?

Elektrik im Auto

1 Autoscheinwerfer

Bei einigen Autos befindet sich im Scheinwerfer nur eine einzige Lampe, mit der sowohl Fern- als auch Abblendlicht erzeugt werden. In einer solchen Lampe sind zwei identische Glühfäden und sie hat drei Anschlüsse.

 a Einer der beiden Glühfäden ist für Abblendlicht, der andere für Fernlicht. Recherchiere im Internet, welcher der beiden Fäden für Abblendlicht bzw. Fernlicht ist.
Begründe, warum die Straße unterschiedlich hell ausgeleuchtet wird, obwohl sowohl Fernlicht als auch Abblendlicht mit der gleichen Spannung betrieben werden.

_____

_____

 b Die drei Fotos zeigen, welche Glühfäden beim Anlegen einer Spannung an je zwei der Anschlüsse leuchten. Trage in die Tabelle die richtigen Kombinationen ein und vervollständige den Schaltkreis so, dass die Glühfäden den Fotos entsprechend leuchten.

Foto 1: Anschluss links und rechts

Foto 2: Anschluss links und Mitte

Foto 3: Anschluss Mitte und rechts

Glühfaden Anschluss	oben leuchtet	unten leuchtet
links und rechts		
links und mitte		
rechts und mitte		

c Bei den Fotos 1 und 2 (jeweils einer der beiden Glühfäden leuchtet) wurde eine Spannung von 4 V angelegt, bei Foto 3 (beide Glühfäden leuchten) war eine Spannung von 8 V notwendig. Begründe, warum eine doppelt so große Spannung notwendig ist, um beide Glühfäden gleichzeitig zum Leuchten zu bringen.

_____

_____

36 Elektrik im Auto

2 Nebelleuchte

Das Nebellicht eines Autos darf nur angehen, wenn das normale Abblendlicht (Fahrlicht) eingeschaltet ist. In den unten abgebildeten Schaltkreisen stellt die Lampe L_1 das Fahrlicht dar und L_2 das Nebellicht. Mit dem Schalter S_1 soll das normale Licht eingeschaltet werden, mit S_2 das Nebellicht, d. h. beim Schließen von S_1 soll L_1 leuchten und L_2 darf nur dann leuchten, wenn S_1 und S_2 geschlossen sind. Wenn nur S_2 geschlossen ist, darf keine Lampe leuchten.

a Beschreibe zu jeder Schaltung, was passiert, wenn nur S_1 geschlossen ist, wenn nur S_2 geschlossen ist und wenn S_1 und S_2 geschlossen sind.

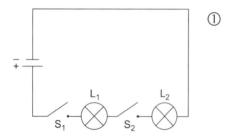

nur S_1 geschlossen: _____

nur S_2 geschlossen: _____

S_1 und S_2 geschlossen: _____

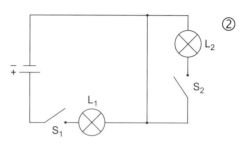

nur S_1 geschlossen: _____

nur S_2 geschlossen: _____

S_1 und S_2 geschlossen: _____

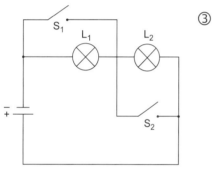

nur S_1 geschlossen: _____

nur S_2 geschlossen: _____

S_1 und S_2 geschlossen: _____

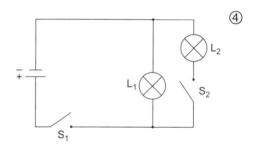

nur S_1 geschlossen: _____

nur S_2 geschlossen: _____

S_1 und S_2 geschlossen: _____

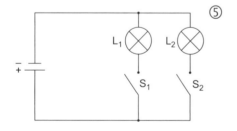

nur S_1 geschlossen: _____

nur S_2 geschlossen: _____

S_1 und S_2 geschlossen: _____

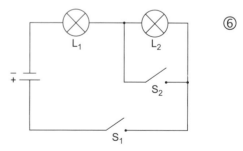

nur S_1 geschlossen: _____

nur S_2 geschlossen: _____

S_1 und S_2 geschlossen: _____

Elektrik im Auto

b   Gib an, welche der Schaltungen die eingangs beschriebenen Bedingungen erfüllt.

3 Sicherungen

Die elektrischen Geräte im Auto werden durch sogenannte Schmelzsicherungen geschützt. Ihr Funktionsprinzip beruht auf der Wärmewirkung des elektrischen Stroms.

a   Sieh dir das Video zum Versuch *Draht glüht durch* an.
Video 8   Beschreibe, wie sich der Draht bei Erhöhung des Stroms, der durch ihn fließt, verändert.

b   Erkläre, wie dieses Prinzip für eine Schmelzsicherung genutzt werden kann.

c   Begründe, ob eine Schmelzsicherung parallel oder in Reihe zu den zu schützenden Geräten eingebaut werden muss.

d   Im Auto unterscheiden sich die Sicherungen durch die sogenannte Bemessungsstromstärke, d. h. sie sind mit unterschiedlich hohen Stromstärken belastbar.
Nenne diejenigen Elemente im Modellversuch aus dem Video, durch deren Variation man dies simulieren könnte.

4 Innenbeleuchtung

Bei vielen Autos kann man beobachten, dass die Innenbeleuchtung nach dem Schließen der Türen nicht sofort ausgeht, sondern langsam herunter dimmt. Verantwortlich für das Nachleuchten und langsame Abnehmen der Helligkeit ist ein **Kondensator**.

Elektrik im Auto

Lies den folgenden Text genau durch und bearbeite anschließend die Teilaufgaben a bis d.

> Ein Kondensator ist ein elektrisches Bauelement mit der Fähigkeit, elektrische Ladung und damit zusammenhängend Energie zu speichern. Er besteht aus zwei elektrisch leitenden Flächen in meist geringem Abstand. Die einfachste Bauform des Kondensators besteht aus zwei glatten, parallelen Platten mit elektrischen Anschlüssen.
> Wird eine konstante Spannung an die Anschlüsse eines ungeladenen Kondensators angelegt, so fließt kurzzeitig ein elektrischer Strom; er lädt die eine Platte positiv, die andere negativ auf. Diese elektrische Ladung des Kondensators bleibt erhalten, wenn er von der Spannungsquelle getrennt wird: Der Kondensator behält seine Spannung bei. Entnimmt man dem Kondensator Ladung bzw. einen Strom, kann sich ein Teil seiner Ladungen ausgleichen, sodass seine Spannung wieder sinkt, bis sie letztlich wieder ganz verschwindet – dann ist der Kondensator wieder vollständig entladen.
>
> Textbasis: Wikipedia, gekürzt

a Erkläre in eigenen Worten, was ein Kondensator ist.

b Erkläre, warum die elektrische Ladung des Kondensators erhalten bleibt, wenn er von der Spannungsquelle getrennt wird.

c Die unter b getroffene Aussage ist nur bei optimalen Bedingungen richtig.
Begründe, warum die Ladung auf dem Kondensator vor allem bei hoher Luftfeuchtigkeit langsam abnimmt, nachdem er von der Spannungsquelle getrennt wurde.

d Die abgebildete Schaltskizze zeigt eine stark vereinfachte Schaltung einer Autoinnenbeleuchtung.
Erkläre, wann der Kondensator aufgeladen wird und wieso das Licht etwas nachleuchtet.

Elektrik im Auto

5 Tankanzeige I

Es gibt zahlreiche verschiedene Methoden, Füllhöhen zu bestimmen. Eine mögliche Vorgehensweise wird hier vorgestellt, eine weitere lernst du in Aufgabe 6 kennen.

Betrachte den Videoclip zum Versuch *Füllhöhenbestimmung*: Zwei Kupferelektroden werden senkrecht in ein Becherglas gestellt und z. B. mit Klebeband an der Wand des Becherglases fixiert. An den oberen Enden werden mithilfe von Krokodilklemmen die Verbindungskabel zum Amperemeter und der Spannungsquelle angebracht. In das Becherglas wird langsam Wasser eingefüllt und dabei der Ausschlag des Amperemeters beobachtet.

Die Abbildungen zeigen den Versuchsaufbau schematisch und die gemessene Stromstärke in Abhängigkeit von der Füllhöhe.

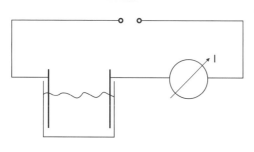
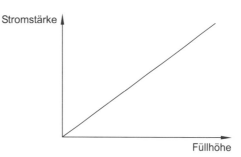

a Erkläre, warum mit steigender Flüssigkeitsmenge die Stromstärke ansteigt.

_____

_____

_____

b Erkläre, wie der Aufbau als Tankanzeige genutzt werden könnte.

_____

_____

6 Tankanzeige II

Die Abbildung zeigt eine Tankanzeige, die mit einem **Schwimmer** arbeitet. Überlege, wie die Tankanzeige funktionieren könnte, und notiere deine Ergebnisse.

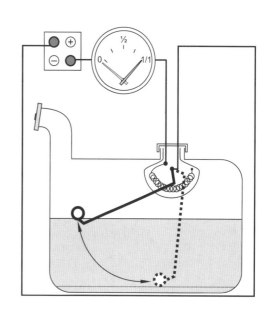

_____

_____

_____

_____

_____

_____

_____

7 Teste dich!

E	K	K	G	Q	S	I	C	H	E	R	U	N	G	U
O	C	K	X	A	P	T	T	G	Q	E	A	E	W	E
M	C	E	K	B	A	A	C	X	R	M	B	W	F	W
N	B	R	J	B	N	N	S	C	H	A	L	T	E	R
T	D	Q	O	L	N	K	J	Y	V	J	B	C	R	M
H	T	S	K	E	U	A	S	A	C	E	A	M	N	M
M	C	A	H	N	N	N	J	Y	L	V	T	C	L	F
G	G	Q	D	D	G	Z	R	Q	C	D	T	J	I	C
N	E	B	E	L	L	E	U	C	H	T	E	T	C	L
K	L	D	V	I	B	I	V	N	A	U	R	F	H	H
U	E	G	I	C	A	G	C	G	N	P	I	H	T	R
U	G	O	J	H	W	E	W	A	H	X	E	O	A	O
I	Y	D	A	T	G	L	Ü	H	F	A	D	E	N	N
K	O	N	D	E	N	S	A	T	O	R	S	P	P	S
B	L	N	F	V	W	S	F	E	L	A	D	U	N	G

In dem Buchstabensalat sind 11 physikalische Begriffe aus diesem Kapitel versteckt (waagerecht und senkrecht).
Kannst du sie finden?